したがう？ したがわない？ どうやって判断するの？

ヴァレリー・ジェラール **文**
クレマン・ポール **絵**
伏見　操 **訳**

岩崎書店

もくじ

Chouette penser ! : Obéir? se révolter?

text by Valérie Gérard
illustrated by Clément Paurd
Originally published in France under the title
Chouette penser ! : Obéir? se révolter?
by Gallimard Jeunesse

Japanese translation rights arranged with Gallimard Jeunesse, Paris
through Motovun Co. Ltd., Tokyo
Japanese edition published
by IWASAKI Publishing Co., Ltd., Tokyo

Printed in Japan

したがう？
したがわない？
どうやって判《はん》断《たん》するの？

哲学

はじめに

1

わたしたちは、いつも何かにしたがわなくてはならない。子どものころは、親や先生に。成長してはたらくようになると、上司に。規則《きそく》や法律《ほうりつ》、それから国や政治《せいじ》が決めたことに。そしてしたがうことにより、何かを強制《きょうせい》されたり、制限をうけたりして、不満を感じることもある。

とはいえ、人はいつでも、なんにでも、したがっているわけではない。ときには反抗《はんこう》することもある。たとえば、**労働条件《じょうけん》**がよくない場合はストライキをして、工場や会社を閉鎖《へいさ》するこ

労働条件《じょうけん》
労働者と雇用者《こようしゃ》のあいだでとり決められた、賃金《ちんぎん》や労働時間などの労働に関する条件。

ともある。法律《ほうりつ》がまちがっていると感じれば、それにしたがわないこともあるし、戦争が正義《せいぎ》に反すると思えば、兵士になるのを拒《こば》むこともある。デモ行進をして、警官隊《けいかんたい》に抵抗《ていこう》することもあるし、国の指導者《しどうしゃ》をその地位から引きずりおろすこともある。

こういった抵抗をした人々は、ときに自由と尊厳《そんげん》を守るためにたたかったとして、讃《たた》えられる。

しかし「したがう」とは、つねに「自由」の反対なのだろうか。わたしたちひとりひとりが、なぜしたがうのかをきちんと納得《なっとく》したうえで、「自由に」したがうことを選ぶことも、できるのではないのだろうか。

なぜしたがうのか。これを問うなら、まずは「この問いかけが意味するものは何か」から考えるべきだろう。

哲学者《てつがくしゃ》は、ある問題に対する答えをさがす前に、なぜその問題が生じたのかについて考える。これまでなんの疑《うたが》いもなく、あたりまえだと思ってきたものが、じつは、そうではなかった――それはいったいどうしてなのだろうか、と。

「なぜしたがうのか？」と自分に問いかけるのは、つまり、「したがう」のがあたりまえだとは考えていないからだ。したがう義務《ぎむ》について、もう一度きちんと考え直してみようとしているからだ。

この人はどんな権利《けんり》があって、自分をしたがわせようとするのか。学校、会社、国といった集《しゅう》団《だん》は、どんな権利《けんり》があって、自分にこんな命令をしてくるのか。

このように考えることは、ただ「そう言われたから」というだけの理由で相手にしたがう態度《たいど》に疑問《ぎもん》をなげかけ、したがう前にまず自分の頭できちんと判断《はんだん》することにつながる。そうすれば、うむを言わせず、わたしたちを強制的《きょうせいてき》にしたがわせようとする権威《けんい》に対

し、きっぱりとNO《ノー》を言うことができるのだ。

加えて、「したがう」ためには、ひとつのゆずれない条件《じょうけん》がある。それは、相手があなたに命じる内《ない》容《よう》が、正当であるということ。でなければ、したがう理由はまったくない。

でもわたしたちは、いつもこういったことをしっかり考えているわけではない。たいていの場合、

何も考えずに、上司や先生、指導者《しどうしゃ》の言うことをあっさりときいてしまう。それはなぜだろうか。そしてそれを続けていると、どんな結果をまねいてしまうのか。

多くの哲学者《てつがくしゃ》が、こう指摘《してき》する。だれかにしたがうことになれてしまうと、人はやがて、世の中には、命令する者とされる者という、二種類の人間がいると考えるようになる。それは人間が生まれながらにして平等ではなく、ある者は主人として、ある者は奴隷《どれい》として生まれるのだと言っているのとおなじことだ。

反対に、「なぜしたがうのか」という疑問《ぎもん》をもつことは、命令する者とされる者のあいだに上下の差はなく、平等だという考えをもとにしている。社会において、命令するほうが上で、したがうほうが下なのではなく、それぞれがそれぞれの立場において平等なのだ。

と、ここで、もうひとつ疑問《ぎもん》が生まれる。では、命令する者としたがう者がいる場合、ふたりは、はたしていつも対等でいられるのだろうか。親子関係のように、もともと対等ではありえない関係をのぞき、命令する側とされる側は、どんな時も対等だと、言いきることができるのだろうか。

したがう者——つまり他人の言葉により、行動、苦痛《くつう》、よろこびを決められてしまう者は、自分たちがそういう状態《じょうたい》にいるのは、たまたまではなく、生まれながらにして劣《おと》った存在《そんざい》であるからだと思っている。

その反対に、命令する者は、自分たちのことを、したがう者より優《すぐ》れた存在だと思っている。これらはどちらも真実ではなく、幻《まぼろし》だ。しかし、たがいに強めあっている。（中略《ちゅうりゃく》）社会的に低い地位にいる者に、「自分にも価値《かち》があるのだ」と考えさせることのできるものはすべて、社会をひっくりかえす可能性《かのうせい》をもっている。

シモーヌ・ヴェイユ

親にはしたがわなくてはならないの？

2

子どもは生まれた瞬間《しゅんかん》から、親や周囲にしたがわなくてはならないし、したがうことを求められる。そのことによくうんざりして、ごく早い時期に、「いやだ！」という言葉を覚える。

親はしょっちゅう、子どもをしかり、命令する。

「部屋をかたづけなさい！」

「宿題しなさい！」

「ナイフを使っちゃ、いけません！」

シモーヌ・ヴェイユ
（1909年～1943年）
フランスの哲学者《てつがくしゃ》。
社会問題に強い関心をもち、虐《しいた》げられる人々のくらしを理解《りかい》するために、体が弱かったにもかかわらず、自ら工場でのきびしい労働に加わった。

そして子どもは、否《いや》が応《おう》でも言うことをきかされる。否が応でも――なぜなら、おさない子どもは全面的に親にたよってくらしているからだ。まわりからの助けなしに、ひとりで生きていくことができないので、どうしても親や保護者《ほごしゃ》に依《い》存《そん》するしかない。そこに選択《せんたく》の余地《よち》はない。よって子どもは親にしたがう以外、しかたがないのだ。

また判断力《はんだんりょく》においても、子どもは未熟《みじゅく》である。まだ知識《ちしき》も経《けい》験《けん》も少ないから、自分たちにとって何が危険《きけん》で、何がよいのかを、つねに正しく判断できるわけではない。心も体も、自立してはいないのだ。

子どもは親にたよらずには生きていけないから、親にはした

依存《いそん》　ほかの人や物をたよりにして存在《そんざい》すること。

がわざるをえない。ただし、それは親が子どものめんどうを、きちんとみていることが、絶対的《ぜったいてき》な条件《じょうけん》になる。親が子どもに、ああしなさい、こうしなさいと命令するのは、それが子どもにとってよいこと、ためになることだから。子どもの側からすれば、そうは感じられないこともちょくちょくあるかもしれないけれど。

ここでひとつ、むずかしい疑問《ぎもん》が生まれる。では親は、子どもによいことをすべて完璧《かんぺき》に知っているのか？　だれかのためになることを、本人よりほかの人のほうが、つねによく知ることなどできるのだろうか？　それは、ほぼ不可能《ふかのう》に近いだろう。

たしかに親だって、まちがえることはある。それでも子ども

ジャン＝ジャック・ルソー
（1712年〜1778年）
スイス生まれの哲学者《てつがくしゃ》。国家というものは、王家のもちものではなく、あくまで人民《じんみん》による約束《やくそく》からつくりだされたものだとして「人民主権《しゅけん》」を説《と》いた。主《おも》な著書《ちょしょ》に『社会契約論《しゃかいけいやくろん》』。作家、作曲家でもあり、童謡《どうよう》『むすんでひらいて♬』を作曲した。

子どもは、動物でも、大人でもない。子どもなのだ。
子どもは他人にたよるけれど、
服従《ふくじゅう》する者であってはならない。(中略《ちゅうりゃく》)
必要だからこそ、子どもは他人の言うことをきく。
子ども自身のためになることを、
他人のほうがよく知っているからだ。(中略)
子どものためにならないようなことは、いかなる人も、
もちろん親であっても、命じてはならない。

ルソー

は人生経験《けいけん》が少ないから、親を信頼《しんらい》してまかせるよりほかにない。ただしそのうえで、ひとつたしかなことがある。それは、親が命令するのは、子どものためでなければならないということ。けっして自分勝手ではなく、しっかりした理由にもとづいていなくてはならない。たとえ、子どもたちがもう少し大きくならないと、その理由を理解《りかい》できないとしても。

もしも親の命令が、あまりに常識《じょうしき》はずれであったなら、子どもはあとになって、かならずそれに気づくだろう。たとえば親が子どもに、「毎日、さかだちして歩きなさい」なんて言ったりしたら、どうなることか！

親が子どもに言うことをきかせるのは、けっして気まぐれからではなく、それがその子のためになるからだ。子どもをしつけるのは、動物をしつけるのとはまったくちがう。かといって小さな子どもと話し合い、理解《りかい》を深めるような、対等な関係を結べるわけでもない。あくまでも、親と小さな子どもとの関係なのだ。

　親にたよっているからこそ、子は親の言うことをきかなくてはならないのであれば、子が親にしたがう時

期は、子ども時代に限《かぎ》られる。言いかえれば、子が親に依存《いそん》するのは、子ども時代だけなのだ。

親への依存の期間がいつまでかを、はっきりと区切るのはむずかしい。たとえば大学生が勉強を続けるために、経済的《けいざいてき》に親にたよっているからといって、小さな子どもとおなじように親の言うことをきかなくてはならないと言えるだろうか。

物質的《ぶっしつてき》に依存することと、精神的《せいしんてき》に依存することはちがう。小さな子どもは自分にとってよいこと、悪いことを、ひとりで判断《はんだん》することができない。その場合、子どもが親にしたがうのはごく自然なことだ。だが、ひとりできちんと判断できるまでに成長した子どもに親が命令し、無理に言うことをきかせよう

子どもは生きるために保護《ほご》が必要なあいだはずっと、
親とのつながりをもつ。
その必要がなくなったとたん、親との自然なつながりは消える。
子どもは親にしたがう義務《ぎむ》がなくなり、
親も子どもの面倒《めんどう》をみる義務がなくなる。
そして、たがいに平等で独立《どくりつ》した個人《こじん》になるのだ。
もしも両者がいつまでもいっしょにいたら、
それは自然にではなく、
自分たちの意志《いし》であえてそうすることを選んでいるのだ。

ルソー

とすれば、とうぜん親子ははげしくぶつかるだろう。

なぜなら、その子は自分が何を命令されているのかを理解《りかい》することができるし、そもそも頭ごなしに命令されることに反発するからだ。おしつけられたからといって、だまって親にしたがう年齢《ねんれい》ではない。その子は言われたことを自分の頭でしっかりと判断《はんだん》し、たとえ親や家族の決まりごとであっても、相手がまちがっていると思えば、反論《はんろん》するのだ。

しかし、子ども時代をすべて親にしたがって過《す》ごしたら、子どもはどうやって、人にたよらず、自分の頭で考えられる人間に成長するのだろうか。

ここにたいへん大きな問題がある。

啓蒙主義《けいもうしゅぎ》

十七～十八世紀に起きた革《かく》新的《しんてき》な思想《しそう》。人が権威《けんい》から自由になって、理性《りせい》にしたがって行動し、社会をつくることを目指した。

学校で、生徒は規則《きそく》にしたがい、先生の言うことをきかなくてはならない。先生と生徒のあいだには、上下関係がある。そんな環境《かんきょう》において、教育はどうやって子どもに自立を教えるのだろう。おとなしく先生の言うことをきくのが習慣《しゅうかん》になった子どもに、どうやって自分の頭で考え、行動する力を身につけさせるのか。

啓蒙主義《けいもうしゅぎ》の哲学者《てつがくしゃ》たちは、この問いについて深く考えた。なぜなら彼《かれ》らは、個《こ》人《じん》や民衆《みんしゅう》が、家族、教会、暴君《ぼうくん》などによ

る束縛《そくばく》から自由になることを願っていたからだ。

啓蒙主義《けいもうしゅぎ》の哲学者《てつがくしゃ》たちは、人々が自立し、自立し続けていられる条件《じょうけん》をさがし求めた。教育はそのために、このうえなく大切だ。なぜならそれは政治《せいじ》の基盤《きばん》になるものだから。教育こそが精神《せいしん》の自立をもたらす。そして精神の自立は、政治的な自立と強くつながっている。もしも教育のおかげで、すべての人が自分の頭で判断《はんだん》し、自分なりの考えをもつことができたなら、ごく一部の人が国を支配《しはい》し、有無《うむ》を言わせず民衆《みんしゅう》をしたがえることはありえない。だれかが他人を自分の思いどおりにして、奴隷《どれい》のように使うなど、あってはならないことなのだ。

とはいえ、人々が法律《ほうりつ》、制度《せいど》、警察《けいさつ》などにしたがわなければ、社会の秩序《ちつじょ》は保《たも》てない。おなじようにして教育も、子どもが親や先生にしたがわなければ、成り立たない。

だとすると、ここでいくつかの問いが生まれる。自分で考え、判断《はんだん》する力をしっかりともち、それを失うことなく、社会にしたがうには、どうしたらいいのか。親や先生の言うことをきき、規則《きそく》を守りつつも、ひとりひとりの子どもが自主性《じしゅせい》や判断力、批判《ひはん》する力を身につけられる教育とは、どんなものか。

ルソーはこう主張《しゅちょう》する。子どもが親の言うことをききながらも、自分の頭で判断することを学ぶため、また他人の言いなりになるのになれて、それをあたりまえと感じるのをさけるためには、だれかの気まぐれにしたがわされていると、子どもに感じさせることなく、導《みちび》かなくてはならない。つまり子どもが「自分は世の中の道理にしたがっているのであり、親や先生といった個人《こじん》の意思にしたがっているのではないのだ」と納得《なっとく》できるようにすることが必要なのだ、と。

ルソーは、子どもにケガをするから走ってはいけないと言う親を批判《ひはん》した。子どもは走ってころんで、痛《いた》い思いをしたほうがいい。そうすれば、ひとりで立ちあがることや注意することを覚え、自分にとって何が危険《きけん》で、何が役に立つのかを、経験《けいけん》から学ぶことができる。それは、ただ親の言うとおりにするのとは、まったくちがう。そうやって子どもは、**他人に指示《しじ》され**

て動くのではなく、自分の望みや経験《けいけん》にもとづいて行動することを身につけていくと、ルソーは考えたのだ。

子どもが、自分にとってよいことを最初から全部理解《りかい》するのは不可能《ふかのう》だ。子どもはそれをひとりで、またはだれかに助けられながら、学んでいく。

小さな子どもを相手に議論《ぎろん》し、論理だてて話しあうことはできない。だって相手はまだ子どもなのだ。「もしも子どもが言い聞かされるだけでなんでも理解できるなら、育ててもらう必要はない。大切なこと、役に立つことを説明されるだけで、十分なのだから」と、ルソーは言う。

しかし、子どもはまだ人生経験が少ないから、なぜ人からああしろ、こうしろ、あれはダメ、これはダメと命令され、それにしたがわなければならないのか（そしてある場合は、命令を拒否《きょひ》する権利《けんり》もあるのか）がわからない。子どもにとって、命令とは単にいやなものだ。自分の行動を制限《せいげん》して、好きにさせないようにするものだと思っている。

だが体験をとおして、制限を受けるとき――たとえば、転んでケガをしたり、塀《へい》が高すぎてのりこえられなかったりした場合――子どもはそれによって不都合は感じても、束縛《そくばく》されているとは思わないのだ。

本当に必要な時に、周囲の人間が手を差しのべ、助けるのは、子どものためになることだ。ただしそれをやりすぎて、子ども

が経《けい》験《けん》をとおして学ぶのをさまたげないように、気をつけなければならない。子ども時代というのは、「なぜしたがうのか?」という問いへのはっきりした答えをもつのが、大変むずかしい時期だからだ。

3 暴《ぼう》君《くん》が生まれるのは、もしかして服《ふく》従《じゅう》する人たちがいるから……？

命令する者としたがう者のいる関係が自然に成り立つのは、子どもがまだ小さく、未《み》熟《じゅく》な場合だけだ。自立した大人同士では、ありえない。

しかし人は、法《ほう》律《りつ》や国の統《とう》治《ち》者《しゃ》にしたがうことを受け入れる。だからこそ社会の秩《ちつ》序《じょ》が保《たも》たれる。

また軍隊や警《けい》察《さつ》などといった組《そ》織《しき》では、階級がはっきりと分かれ、きびしい上下関係が存在《そんざい》する。上司の命令は絶対《ぜったい》で、部下がそれにしたがうのはとうぜんとみなされている。

人はしばしば、おどろくほど簡単《かんたん》に、法律《ほうりつ》や他人の**権威**《けんい》にしたがってしまう。だからこそ、わたしたちは「なぜ自分はしたがうのか」という問いをさらに深くほりさげ、「なぜ人々はしたがうのか」ということを考えてみるべきだ。そして何かにたやすくしたがった場合、どんな結果が生まれるのかということも、しっかりと考えてみるといい。

「服従《ふくじゅう》すること」のもっともわかりやすい理由は、「強制《きょうせい》」だ。力ずくで、またはおどされれば、人は服従してしまう。たとえばわたしは、もし強盗《ごうとう》に「金を出せ」と、刃物《はもの》をつきつけられ

権威《けんい》
人を強制《きょうせい》し服従《ふくじゅう》させる力。人に服従の義務《ぎむ》を求める精《せい》神的《しんてき》もしくは法的な力。または、その分野でずばぬけて優《すぐ》れているとみとめられていること。

たら、すぐに財布《さいふ》をさし出すだろう。よけいな正義感《せいぎかん》を出して抵抗《ていこう》すれば、さらにひどい目にあうから、言われたとおりにする。だからといって、もちろん強盗《ごうとう》がわたしに命令する権利《けんり》をもっているわけではない。ただ命令して、言うことをきかせる「手段《しゅだん》」をもっているだけだ。わたしは自分からすすんで強盗にしたがうのではない。力でねじふせられ、無理にそうさせられたのだ。たかが財布のために命を失うなんて、まっぴらだからだ。

　しかし、自分の存在《そんざい》理由や自由がおびやかされたとき、人は大きな危険《きけん》を冒《おか》してでも、自分よりはるかに強い存在に立ちむかうことがある。権力に抵抗する正当な理由をもつとき、民《みん》

エチエンヌ・ド・ラ・ボエシ
（1530年〜1563年）
フランスの思想家。10代にして論文《ろんぶん》『自発的隷従論《れいじゅうろん》』を書く。絶対王政《ぜったいおうせい》で宗教《しゅうきょう》戦争がくりかえされる時代に、ただひとりの王が民の上に君臨《くんりん》し、支配《しはい》することを批判《ひはん》しつづけた。

多くの民衆《みんしゅう》が、村が、街が、国が、
たったひとりの独裁者《どくさいしゃ》に
服従《ふくじゅう》してしまうことがあるのは、なぜか。
独裁者に力をあたえているのは、まさに民衆自身なのに。
民衆が反抗《はんこう》するより、
苦しみに耐《た》えることを選んでしまっているからこそ、
独裁者は彼《かれ》らを苦しめられるというのに。

ラ・ボエシ

衆《しゅう》は自分たちを絶対的《ぜったいてき》な弱者とはみなさない。力関係は逆転可《ぎゃくてんか》能《のう》なのだ。

これまで述べてきたように、力ずくで強いられた場合に、人が服従《ふくじゅう》するのは理解《りかい》できる。しかしときに、はるかに理解しがたい、不可思議なことがある。たとえば、民衆がたったひとりの暴君《ぼうくん》を恐《おそ》れ、服従している場合。しかも民衆はみな、その暴君をきらっている。

民衆は暴君から圧力《あつりょく》を受け、無理やり服従させられているのだと、君は思うかもしれない。でも、ちょっと考えてみてほしい。暴君はひとりなのだ。せいぜい何人かのボディガードや側近に守られているだけ。民衆は、数のうえでは圧倒的《あっとうてき》に優《まさ》っている。にもかかわらず、そのたったひとりの暴君《ぼうくん》に服従《ふくじゅう》することを選んでいるのだ。

十六世紀に、哲学者《てつがくしゃ》ラ・ボエシは、何百万もの民衆《みんしゅう》がたったひとりの独裁者《どくさいしゃ》を恐《おそ》れている現象《げんしょう》を、どう考えたらよいかと問うた。いざ向きあってたたかえば、そんな独裁者は、あっという間に倒《たお》せる。ならば民衆は強制《きょうせい》されていないにもかかわらず、服従していることになる。するとここで、こんなおどろくべき考えが浮《う》かびあがる。独裁者は力で民衆を服従させているのではない。民衆が服従するからこそ、独裁者は権力《けんりょく》をもつのだ。

だからといって、民衆は自分からすすんで力を放棄《ほうき》して、独裁者にしたがっているのだと言えるだろうか。そんなはずはない。圧倒的《あっとうてき》なお金や力をもつ組織《そしき》、さらには自らの権力《けんりょく》を守るためなら容《よう》赦《しゃ》なく暴力《ぼうりょく》をふるう軍隊を前にしたら、単に数が多いだけではダメなのだ。

民衆《みんしゅう》を形づくる側のひとりひとりの人間は、団《だん》結《けつ》して組織をつくることができないまま、殻《から》にとじこもり、自分はひとりぼっちで無力だと考えることがある。そうなると、自分たちをおさえつけようとする暴君に抵抗《ていこう》したり、倒《たお》そうとしたりしようという意識をもてなくなる。そんなことをし

たところで、失敗するに決まっていると思いこむからだ。

虐《しいた》げられた人々は、自分を無力だと思うことで、さらに弱くなる。だから支配者《しはいしゃ》は、人々が団結《だんけつ》するのをじゃましようとするのだ。独裁者《どくさいしゃ》は民衆《みんしゅう》に、自分たちは弱く劣《おと》っているから、服従《ふくじゅう》するしかないのだと、巧《たく》みに思いこませようとする。

人は、自分たちより力が強い者――または強く見える者――にしたがうことが多いのに加え、権《けん》威《い》があると思う相手にも服従する。そう、「権威」こそ、「服従」のふたつ目の理由だ。

では、「権威《けんい》」とはなんだろう？　それは力にうったえたり、脅《おど》したりすることなしに、服従《ふくじゅう》を強いる力だ。もしわたしたちが、ある人物や団体《だんたい》をまるごと信じて疑《うたが》わず、彼《かれ》らが自分たちより優《すぐ》れていると考えてしたがえば、彼らはわたしたちにとって、「権威」になる。

もし医者にワクチンをすすめられたとしたら、わたしたちはまよわず言われたとおりにするだろう。なぜなら、医者は病気についての知識《ちしき》をもっているし、そう信頼《しんらい》するにふさわしい相手だと思っているからだ。つまり権威とは、それを信じ、崇《あが》める人がいるからこそ、存在《そんざい》する。

たとえばローマ教皇《きょうこう》の言葉は、キリスト教信者にとっては大民に自分たちが無力だと思わせ続けること。
それが支配者《しはいしゃ》のもっとも好きな手口だ。

シモーヌ・ヴェイユ

きな権威《けんい》をもつけれど、それ以外の人々にとってはそうではない。尊敬《そんけい》されなければ、権威はたちまち地に落ちてしまう。権威は疑《うたが》われたり、正当性《せいとうせい》を証明《しょうめい》せよとせまられたり、議論《ぎろん》を求められたりすることに耐《た》えられない。

ギャングは、権威者であるボスに絶対的《ぜったいてき》に服従《ふくじゅう》する。なぜなら、ボスの命令にさからえば、自分が組織《そしき》でボスとおなじような権利をもっていると主張《しゅちょう》することになってしまうからだ。

以上のようなケースでもやはり、**服従する者が、自分を服従させている者に権威をあたえていることになる。**

なんとも奇妙《きみょう》な現象《げんしょう》だが、**マックス・ウェーバー**は、これには三つの理由があると説明している。

マックス・ウェーバー
（1864年～1920年）
ドイツの社会学者。社会学、政治学、経済学《けいざいがく》、宗教学《しゅうきょうがく》などの分野で業績《ぎょうせき》を残した。当時のドイツの社会と政治《せいじ》を批判《ひはん》し、その近代化に力を尽《つ》くした。

まずひとつ目は、伝統《でんとう》。**封建《ほうけん》社会**においては、人々は王にしたがう。なぜならたいへん長いあいだ、その王の一族が代々、国を治めてきたから。ふたつ目は、カリスマ性《せい》。自信に満ちた態度《たいど》や話し方、威厳《いげん》などで、相手に強い印象をあたえ、自分の思いどおりにしてしまう人がときどきいるものだ。その人に魅了《みりょう》された人たちがまわりをとりまき、言うことをきき、その人のためにはたらくようになる。そうやってその人は、ある集団《しゅうだん》の指導者《しどうしゃ》や政党《せいとう》の党首になっていく……。

そして三つ目は、職業《しょくぎょう》や社会的地位。将軍《しょうぐん》、先生、医者、裁《さい》判官《ばんかん》などといった、高い技術《ぎじゅつ》や能力《のうりょく》をもつ、世にみとめられた職業につく人からの命令は、素直《すなお》に受け入れられる傾向《けいこう》がある。

封建《ほうけん》社会
王が土地を家臣《かしん》に分けあたえ、家臣が自分の領土内《りょうどない》の統治《とうち》をおこなう制度《せいど》を基盤《きばん》とする社会。家臣は土地を分けあたえられる代わりに、王に対してさまざまな義務《ぎむ》を負った。

その場合、わたしたちがしたがうのは「個人《こじん》」ではなく、その「職業《しょくぎょう》」であり、職業にかかわる命令だけだ。たとえば先生に「宿題をしなさい」と言われたり、医者に「食生活を見直しなさい」と言われたりしたら、わたしはおとなしく言うことをきくけれど、「銀行強盗《ごうとう》をしなさい」と言われたら、まよわずことわる。

権威《けんい》を絶対的《ぜったいてき》だとみなす人の問題点は、権威に自分をゆだねてしまうこと。命令を受けたら、その命令が正しいかどうか、よく考えもせずにしたがってしまう。自分で判断《はんだん》しよう、批判《ひはん》しようという気持ちが、すっぽりぬけ落ちている。そうしていると、たいへん恐《おそ》ろしい結果をまねいてしまうことがある。政《せい》府《ふ》や軍隊、宗教《しゅうきょう》の指導者《しどうしゃ》に命令されて、ある村や、ある部族全体を虐殺《ぎゃくさつ》してしまった人たちが、後になって、自分たちは悪くない、ただ命令にしたがっただけなのだからとうったえたことだってあるのだ。

命令にいっさいの疑問をもたず、無条件でしたがうのは、責任《せきにん》を逃《のが》れることだ。ときにそれは、魅力《みりょく》的《てき》にうつる。考えることをやめれば、あれこれ心をなやますことはない。不安を感じることも、本当にこれで正しかったのかと、何度も自分に問いかけて苦しむことも、責任もない。なんと楽で、心静かにいられることか！

カントはこういった態度《たいど》をとる人たちを、はげし

く批判《ひはん》した。考えることを放棄《ほうき》して、リーダー、助言者、主人といった「権威《けんい》」に身をゆだねるのは、言語道断《ごんごどうだん》。なぜなら、それは自分で判断《はんだん》する能力《のうりょく》がないのではなく、判断する勇気がないからだ、と。

やるべきことを人に決めてもらい、ただそれにしたがえばいいのは、なんと楽なことか！しかしそうやって、努力も責任《せきにん》も放棄するからこそ、他人に命令をする権利をあたえてしまっているのだ。

そういった人が他人から支配《しはい》を受けるのはとうぜんのことだ。自分で原因《げんいん》をつくっているのだから。なまけ心や弱さに負け、今いる状態《じょうたい》にあまんじて、しっかりと自分の頭で考えようとも、自立しようともしないのだ。

カントはまた、本に書いてあることをうのみにする人を批判《ひはん》した。そしてきちんと頭を使い、自分なりの考えをもつことを、強くすすめている。自分で深く考えることこそ、哲学《てつがく》だ。そうでないのなら、哲学の本などなんの役に立つというのか。哲学者カントは、自分の書いた本の

中で、そう言っているのだ。

とにかくたしかなのは、どう生きるか、どういう政治《せいじ》をするべきか、何が善《ぜん》で何が悪かなどといった、あらゆる根源的《こんげんてき》問題を解決《かいけつ》する答えや基準《きじゅん》を、本の中に求めてはならないということだ。それは自分の頭で考え、判断《はんだん》するべきことなのだ。

ただし、**自分なりの考えをもつことは、なんでもたったひとりで考えることとはちがう。**だれとも話さず、議論《ぎろん》もせず、本も読まなかったら、とうぜん視野《しや》がせまくなる。

本は、問題を具体化し、どんなふうに考えていけばいいのかを教え、その答えがもたらす結果にむき合う助けになるかもしれない。本は、物事をよりよく理解する手伝いをしてくれるだ

イマヌエル・カント
（1724年〜1804年）
近代《きんだい》において、もっとも大きな影響《えいきょう》をあたえた哲学者《てつがくしゃ》のひとり。自然学、人間学にも深《ふか》い知《ち》識《しき》をもっていた。とくに初《しょ》期《き》は自然学を研究《けんきゅう》し、「地《じ》震原因論《しんげんいんろん》」などの論文を書いた。

なまけ心と臆病《おくびょう》が、
多くの人のなんとも奇妙《きみょう》な行動の原因《げんいん》になっている。
人間は自然の脅威《きょうい》から解放《かいほう》されてずいぶん経《た》つというのに、
自らすすんで、生涯《しょうがい》何かに依存《いそん》し、
束縛《そくばく》されることを選んでいるのだ。（中略《ちゅうりゃく》）
もし本がわたしのかわりに考え、
先生がわたしのかわりに良心をもってくれるなら（中略）、
わたしはいっさい努力をする必要がなくなってしまう。

カント

ろう。しかし、わたしたちがどう生きるかという答えを、まるまるあたえてくれるものでは、決してないのである。

4
なぜしたがうの？ どこまでしたがうの？

権威《けんい》に言いなりになる形でしたがえば、自分で判断《はんだん》するのを放棄《ほうき》することになる。では、きちんと自分で判断しつつも、何かにしたがうことは可能《かのう》だろうか？

この問いに答えるのは、簡単《かんたん》ではない。「したがうこと」にも種類がある。命令する者の言いなりになるのと、しっかりした理由があってしたがうことを選び、なおかつその理由をきちんと自覚しているのとでは、まったくちがうのだ。

命令や規則《きそく》が非常《ひじょう》にきびしいものであっても、それが正当だとわかっていれば、したがうことができる。わたし自身を例にあげると、税金《ぜいきん》をはらうのは大変だが、それが学校や病院のために使われていると思うからこそ、きっちりしはらう。信号は、わたしのじゃまをするために存在《そんざい》するのではなく、交通をスムーズにして、みんなの安全を守るためにあるとわかっているから、赤信号では足を止める。

こういった場合、わたしは命令を受ける理由をきちんと理解《りかい》しているからこそ、それにしたがう。「同意」――それこそが、**何かにしたがう三つ目の理由だ。**

だが、必要にせまられて、納得《なっとく》のいかない命令にしたがうこともある。その場合、不本意ながらしたがいつつも、その一方で命令を批判《ひはん》し、抵抗《ていこう》する。たとえば、わたしは税金《ぜいきん》をはらうけれど、税金の使い道がまちがっていると感じるときは、政府《せいふ》にそれを変えさせるための運動をする。

兵士は個人的《こじんてき》には正しくないと思っている命令にもしたがわなくてはならない。なぜなら階級制《かいきゅうせい》のある軍隊に入ったのは、兵士自身の選択《せんたく》だから。

つまり人は、命令に反発しながらも、それにしたがうことがある。この場合、その人は自分の頭で考え、批判する心はもちつづける。だが、それはたやすいことではない。

考えと行動が一致《いっち》しないのは、なんともいやなものだ。自《じ》己矛盾《こむじゅん》は非常《ひじょう》につらい。この戦争はよくない、しないほうがいいと思いながらも、命をかけて戦わなければならない兵士を想像《そうぞう》してみてほしい。どれほどがまんのならないことだろう。まちがっている、もしくはムダだと思うものに、自分のすべてをかけなくてはならないなんて！

そういった場合、人はやがて自分が身をささげている対象を正しいと信じこむようになることが多い。自

分の行為《こうい》を客観的に、距離《きょり》をおいて見られなくなるのだ。任務《にんむ》や**守秘義務**《しゅひぎむ》のために、どうしてもしたがうよりほかないとき、人はあえて考えることをやめるのだ。

　したがいつつも、判断能力《はんだんのうりょく》をきちんともち続けることは、大変むずかしい。だが、それをなしとげた人には、たしかな力がそなわっている。それは「したがわない」ことを選ぶ力だ。こういった人は、きちんと考えたうえで、納得《なっとく》して、自由にしたがうことを選んでいる。だったらおなじようにして、拒《こば》むことも選べるのだ。

　よく考えたうえでしたがうことを選んだ人は、よく考えたうえでしたがわないことを選ぶこともできる。たとえば、ある人

守秘義務《しゅひぎむ》
職業《しょくぎょう》をとおして知った情報《じょうほう》や秘密《ひみつ》を、ほかにもらしてはならないという義務。医者、弁護士《べんごし》などに対しては、法律《ほうりつ》で強い守秘義務が課《か》されている。

はそれまで国の法律《ほうりつ》を守ってきたが、政府《せいふ》が変わり、法律が不当なものに変わったとき、それにしたがわないことを選ぶだろう。ある兵士は、おなじ国の人間を撃《う》つように軍の上司に命令されたら、したがわないことを選ぶかもしれない。ある市民は、たとえ牢屋《ろうや》に入れられても、**良心的兵役拒否**《りょうしんてきへいえききょひ》をして、戦争に行かないことを選ぶかもしれない。

自立した人というのは、受けた命令の内容《ないよう》をきちんと判断《はんだん》し、したがうべき理由と、したがうべきでない理由とをくらべ、じっくり考えたうえで態度《たいど》を決める。だまってしたがうことで自分が何を失い（あきらかにまちがっていると思う命令にしたがえば、もう鏡で自分の顔をまともに見られなくなるだろう）、

良心的兵役拒否《りょうしんてきへいえききょひ》
道徳的信条《どうとくてきしんじょう》や宗教《しゅうきょう》の教えのために、兵士となるのを拒《きょ》否《ひ》すること。欧米《おうべい》を中心に個人《こじん》の基本的《きほんてき》な権利《けんり》としてみとめる国がある一方、きびしく罰《ばっ》する国も少なくない。

したがわなかったら、どんなこまったことが起こるのか。それをしっかりと考えたうえで決断《けつだん》する。

こういう人は、指導者《しどうしゃ》たちの言いなりになる道具ではない。

命令をあたえる側は、命令にロボットのようにしたがう人たちをたいへん軽んじる。だって、どんなことを命じようとも、そういった人たちはかならず言われたとおりにする。だから勘定《かんじょう》に入れてやる必要などないのである。

反対に、自分の頭で考える人は、命令をきかず、抵抗《ていこう》するほうを選ぶ可能性《かのうせい》があるから、指導者《しどうしゃ》は彼《かれ》らを無視《むし》することができない。言いなりになる人たちに対するように、好き勝手にふるまうことができないのだ。

自分で判断《はんだん》する人たちは、指導者の立てた計画にしたがわないことで、計画を失敗させることができる。となると、そんなじゃま者は始末してしまおうと考えるとんでもない暴君《ぼうくん》でもないかぎり、指導者は彼らの存在《そんざい》をみとめ、説得し、交渉《こうしょう》して、妥協点《だきょうてん》を見つけなければならない。抵抗《ていこう》するとは、自分の存在を相手にみとめさせることなのだ。

きちんと考え、同意したうえで、自分の意志《いし》でしたがうことを選ぶ人は、同じようにして抵抗《ていこう》することを選ぶこともできる。こういう人たちは、ゆるぎない力をもつ。彼《かれ》らは政府《せいふ》や政策《せいさく》をみとめつつ、同時にしっかりと批判《ひはん》することができる。そこに矛盾《むじゅん》はないのである。

彼らが法律《ほうりつ》や指導者《しどうしゃ》にしたがうのは、機械的に受け入れるからでも、強制《きょうせい》されたからでも、習慣《しゅうかん》からでも、恐怖《きょうふ》からでもない。それが正しく、よいものだと思うからだ。ほかの人々とともに社会で平和にくらすための秩序《ちつじょ》を守り、自分たちのためになると理解《りかい》しているからこそ、彼らは政府、法律、警察《けいさつ》、裁判所《さいばんしょ》を受け入れる。

ひとりひとりが
すべての人々と一体になりながらも、
自分自身にしか服従《ふくじゅう》せず、
なおかつ以前とおなじように自由でいられる――
そんな人間同士の結びつき方を見つけること。
これこそが根本的な課題《かだい》だ。

ルソー

よくよく考えたうえでの服従《ふくじゅう》は、市民の同意にもとづいた権《けん》力《りょく》をつくりだす。市民たちは法律《ほうりつ》がどう役に立つのか、よくわかっているからこそ、それを受け入れ、したがうのだ。

哲学者《てつがくしゃ》ルソーは、政府《せいふ》はすべての民の同意のもとに成り立った場合においてのみ、正当であるとした。そういった権力だけが、法にしたがうよう民に求める権利をもつ。そして民は、自分たちが受け入れ、正当性《せいとうせい》をみとめた法にしたがう義務《ぎむ》がある。民の同意がなければ、それは力による強制にほかならない。

自らがみとめた法にしたがうのなら、人は自由を失わずにすむ。自分が望んだものにしたがうのなら、それは自分自身にしたがっているのとおなじことだから。そして同意したのだからこそ、法を守る義務《ぎむ》がある。

となりの人がわたしの欲《ほ》しいものをもっていて、「ああ、あれをぬすみたいなあ」という思いが、ちらりと頭をかすめたとしても、やっぱりわたしは法律《ほうりつ》がぬすみを禁止《きんし》することを望む。それは法律がひとりひとりの財産《ざいさん》を守ってくれるからであり、つまりはわたし自身のためでもあるからだ。自分の望む法律にしたがうのなら、自分にしたがうのといっしょなのだ。

大多数の市民が、法律が不当で、自分たちのためにならず、害をもたらすと判断《はんだん》した場合、彼《かれ》らはしたがうのをやめる。すると法はその力を失い、権力《けんりょく》は地に落ちるのだ。

5 人々が立ち上がるとき

人々のためになることをせず、恐怖《きょうふ》ばかりをまきちらす政府《せいふ》は、民衆《みんしゅう》からの支持《しじ》を失う。そして、怒《いか》りが恐怖を上まわったとき、民衆は立ち上がる。通りに出て、デモをして、警察《けいさつ》が解散《かいさん》するようにせまっても、言うことをきかない。権力《けんりょく》を信頼《しんらい》しなくなった民衆は、もうそれにしたがわない。

そうなったとき、政府は民衆の言葉に耳をかし、話し合いをすることをせまられる。ところが逆《ぎゃく》に、さらに圧制《あっせい》を強め、力でねじふせようとする場合もある。政府は警察や軍隊に命じて、デモ隊《たい》に発砲《はっぽう》したり、村々を爆撃《ばくげき》したり、歯むかう者を拷問《ごうもん》にかけたりする。

だが、軍隊や警察《けいさつ》が民衆《みんしゅう》に発砲《はっぽう》するのを拒《こば》み、さらには民衆の側につくことがある。そうなると、独裁者《どくさいしゃ》は味方をなくして孤立《こりつ》し、権力《けんりょく》を失う。たとえ暴力《ぼうりょく》にうったえたり、脅迫《きょうはく》したりしても、したがう者がいなければ、完全に無力になってしまうのだ。

市民も兵士も政府《せいふ》を見かぎり、命令にしたがうことをやめたとしたら、政府の権力《けんりょく》は失われ、制度《せいど》は崩壊《ほうかい》するだろう。

だが、ほとんどの場合、市民は国の法律《ほうりつ》や制度、もしくは統《とう》治者《ちしゃ》にしたがう。したがうとはつまり、そういったものをみと

ハンナ・アーレント

（1906年〜1975年）政治哲学者《せいじてつがくしゃ》。ドイツ出身のユダヤ人。ナチスの迫害《はくがい》をのがれ、アメリカに亡命《ぼうめい》。戦後、ナチス親衛隊将校《しんえいたいしょうこう》アイヒマンの裁判《さいばん》を傍聴《ぼうちょう》した際《さい》、「彼《かれ》がありふれたただの小心な役人に見えた」と書き、非道《ひどう》な「悪」の背後《はいご》にいたのは極悪人ではなく、考えることをやめて命令に忠実《ちゅうじつ》にしたがうだけの凡人《ぼんじん》であったと指摘《してき》している。

市民が政府《せいふ》の命令にしたがい、
軍隊や警察《けいさつ》が市民に武力《ぶりょく》を行使するかぎり（中略《ちゅうりゃく》）、
政府は反乱《はんらん》に対し、絶対的《ぜったいてき》な優位《ゆうい》に立つ。
ところが、市民が命令にしたがわなくなったとき、
一気に状況《じょうきょう》は逆転《ぎゃくてん》する。（中略）
法、政府、制度《せいど》にしたがうということは、
それらに同意し、支持《しじ》していることにほかならない。

ハンナ・アーレント

めているということ。積極的にみとめているわけではないかもしれないけれど、反対もせず、好きにやらせ、怒《いか》りをあらわしたり、抵抗《ていこう》したりするわけではない。こういった無関心やあきらめが権《けん》力者《りょくしゃ》を支《ささ》えているのだ。

だまっているということは、統治者《とうちしゃ》に同意していることにつながる。だが、人々がそんな同意をやめ、積極的に反対をとなえた場合、独裁者《どくさいしゃ》が独裁を続けるためには、恐怖《きょうふ》や暴力《ぼうりょく》にうったえ、民《みん》衆《しゅう》をおさえつけるよりほかにない。すると民衆は怒《いか》り、怒りはどんどんふくれあがる。そしてつい

に怒《いか》りが恐怖《きょうふ》にまさったとき、民衆《みんしゅう》は立ち上がる。

そうやって民衆が暴君《ぼうくん》から自由になったとしたら、民衆は自分たちの手で力関係を逆転《ぎゃくてん》させたことになる。民衆が暴君にしたがっていたのは、義《ぎ》務《む》からではなく、恐怖や脅迫《きょうはく》のせいにほかならない。彼《かれ》らが暴政《ぼうせい》に対して立ち上がるのは、ごくとうぜんのことだ。暴力をふるうばかりの指導者《しどうしゃ》に、民衆はなんの借りもないのだから。

民衆はそれまで、暴君にしたがう以外のことが考えられなかったから、しかたなく耐《た》えていた。けれども自分たちの手で新しい政府《せいふ》をつくること

ができると自覚したとたん、民衆《みんしゅう》は暴君《ぼうくん》を倒《たお》すことができるようになる。

小さな抵抗《ていこう》は、多くの民衆の支持《しじ》を得られたとき、革命《かくめい》となるのだ。

革命は、民衆から正当性《せいとうせい》をみとめられたものであり、**クーデター**とはちがう。クーデターはただの暴力的行為《ぼうりょくてきこうい》であり、民衆が同意しているかどうかは、いっさい問題にしない。

ただし、革命や反乱《はんらん》が、いつも勝利をおさめるとはかぎらない。戦車や空爆《くうばく》などの武力《ぶりょく》によって、しずめられてしまうこともある。

クーデター
現在《げんざい》の政治体制《せいじたいせい》の支配《しはい》階級の一部（主に軍隊）が反乱《はんらん》を起こし、武力《ぶりょく》でもって権《けん》力《りょく》をうばいとること。新しい権力をつくるのではなく、これまでの権力を自分のものにするだけなので、「革命《かくめい》」とは異《こと》なる。

強制《きょうせい》されて、人民が服従《ふくじゅう》しているなら、
それはしかたのないことだ。
だが、もしも人民が
束縛《そくばく》をふりはらう力をもつようになって、
やがて束縛からのがれられるのなら、
そのほうがずっとよい。
人民は力が弱いせいで自由をうばわれていたのだから、
力で自由をとりもどすのはとうぜんであるし、
そもそも人民から自由をうばうべきではなかったのだ。

ルソー

反乱《はんらん》や抵抗《ていこう》はしばしば失敗し、多くの血が流される。

また大変な苦労のすえ、やっと革命《かくめい》を成功させ、新しい政府《せいふ》をつくったとしても、その新しい政府が以前の政府とおなじように、不正を働くこともある。

そういった場合、民衆《みんしゅう》が立ち上がり抵抗したことは、まったくのムダに

なってしまうのだろうか。

結果が失敗におわったとしても、抵《てい》抗《こう》することはムダではない。民衆《みんしゅう》は弱者であったかもしれないが、力のあるものに屈《くっ》せず、自分たちが自由であることを、しっかりとしめした。不当な支配《しはい》から自由になるために危険《きけん》を冒《おか》し、民衆は生まれながらにして服従《ふくじゅう》する運命にあるわけでもないし、したがうために存在《そんざい》しているわけでもないということを見せた。

閉《と》ざされていた政治《せいじ》の舞台《ぶたい》への道を切りひらくことで、政治的指導者《しどうしゃ》と自分たちが平等であることを証明《しょうめい》したのだ。

独裁者《どくさいしゃ》はもう民衆《みんしゅう》の存在《そんざい》を無視《むし》することはできない。民衆の声をきくことを選ぶにしろ、よりきびしい圧力《あつりょく》をかけることを選ぶにしろ、これまでのように好き勝手にふるまえなくなる。

民衆は抵抗《ていこう》することにより、支配《しはい》されることにNO《ノー》と言い、力や恐怖《きょうふ》で無理やり自分たちをしたがわせようとするのはまちがっている

とうったえたのだ。そして何より、独裁者《どくさいしゃ》の不正や圧力《あつりょく》、権《けん》力《りょく》の乱用《らんよう》を、白日《はくじつ》の下《もと》にさらしたのだ。

もし民衆《みんしゅう》がつねに受け身でいたら、政府《せいふ》や統治者《とうちしゃ》は何をしてもゆるされると思いこんでしまう。民衆は抵抗《ていこう》することで、政府にしっかりと自覚させることができるのだ。独裁者になりたくないのなら、民衆の同意が不可欠《ふかけつ》であるということを。

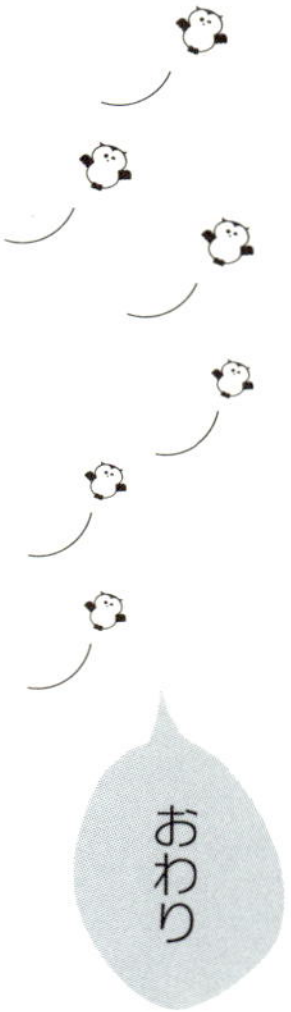

トマス・ジェファーソン

（１７４３年～１８２６年）政治家《せいじか》、政治哲学者《てつがくしゃ》であり、アメリカ合衆国《がっしゅうこく》第三代大統領《だいとうりょう》。「アメリカ独立宣言《どくりつせんげん》」（１７７６年）の起草者《きそうしゃ》。人間の自由と平等を説くこの宣言の思想は、フランス革命《かくめい》における「人権宣言《じんけんせんげん》」（１７８９年）に引き継《つ》がれたばかりでなく、福澤諭《ふくざわゆ》吉《きち》による紹介《しょうかい》（『学問のすゝめ』など）を通じて明治時代の日本にも大きな影響《えいきょう》を与えた。

ときどきちょっとした反乱《はんらん》を起こすのは、よいことだ。（中略《ちゅうりゃく》）

反乱はたとえ失敗したとしても、民衆《みんしゅう》の権利《けんり》が侵《おか》されていたという事実に、世間の注意を引きつける。（中略）

政府《せいふ》が健全でいるために、ぜひとも必要な薬なのだ。

トマス・ジェファーソン

参考図書

この本にでてくる哲学者の言葉は、彼らの発言や著書に記された文章の一部です。訳者が10代のみなさんにわかりやすいように訳しました。

P14, 43 『自由と社会的抑圧』シモーヌ・ヴェイユ／著
冨原眞弓／訳（岩波書店　2005年）

P19 『エミール』（上　改訂版）ジャン＝ジャック・ルソー／著
今野一雄／訳（岩波書店　1962年）

P23, 63, 73 『社会契約論』 ジャン＝ジャック・ルソー／著
桑原武夫、前川貞次郎／訳 （岩波書店　1954年）

P37 『自発的隷従論』ラ・ボエシ／著
西谷　修／監修　山上浩嗣／訳（筑摩書房　2013年）

P51 カント「啓蒙主義とは何か？」という質問に答えて（1784年）

P69 『Du mensonge à la violence（暴力における嘘）』
ハンナ・アーレント／著 （Pocket　2002年　未邦訳）

P81 第三代アメリカ合衆国大統領、トマス・ジェファーソンの言葉

作者

ヴァレリー・ジェラール

哲学の教師。倫理と政治哲学の研究をして、シモーヌ・ヴェイユやハンナ・アーレントについての記事も書いている。主な著書に『L'Expérience morale hors de soi（自己の外での道徳的経験）』（未邦訳、２０１１年）がある。

画家

クレマン・ポール

フランス北東部の町、ストラスブールの装飾美術学校を卒業。２００９年にフランス西部の町、アングレームの国際漫画祭で新人賞を受賞。雑誌『Belles Illustrations（美しいイラスト）』の発起人のひとりでもある。

訳者

伏見　操（ふしみ・みさを）

1970年生まれ。英語、フランス語の翻訳をしながら、東京都に暮らす。訳者の仕事はいろいろな本や世界がのぞけるだけでなく、本づくりを通して人と出会えるのが楽しいと思っている。訳書に「トビー・ロルネス」シリーズ、『あかくんとあおくん』（共に岩崎書店）、『うんちっち』（あすなろ書房）、『さあ、はこをあけますよ！』（岩波書店）などがある。

編集協力

杉山直樹（すぎやま・なおき）

学習院大学教授。専門はフランス哲学。海辺とノラ猫を思索の友とする。

10代の哲学さんぽ　6

したがう？
したがわない？
どうやって判断するの？

2016年 4月29日　第1刷発行
2017年12月15日　第2刷発行
作者
ヴァレリー・ジェラール
画家
クレマン・ポール
訳者
伏見　操
発行者
岩崎夏海
発行所
株式会社 岩崎書店
〒112-0005　東京都文京区水道 1-9-2
電話　03-3812-9131(営業)　03-3813-5526(編集)
振替　00170-5-96822
印刷
株式会社 光陽メディア
製本
株式会社 若林製本工場
NDC 100
ISBN978-4-265-07912-4

Published by IWASAKI Publishing Co.,Ltd. Printed in Japan

ご意見ご感想をお寄せください。　E-mail　hiroba@iwasakishoten.co.jp
岩崎書店ホームページ　http://www.iwasakishoten.co.jp
落丁本・乱丁本はおとりかえいたします。

10代の哲学さんぽ　全10巻

第1巻　天才のら犬、教授《きょうじゅ》といっしょに哲学《てつがく》する。
人間ってなに？

第2巻　自由ってなに？
人間はみんな自由って、ほんとう？

第3巻　なぜ世界には戦争があるんだろう。
どうして人はあらそうの？

第4巻　動物には心があるの？
人間と動物はどうちがうの？

第5巻　怪物《かいぶつ》
——わたしたちのべつの顔？

第6巻　したがう？　したがわない？
どうやって判断《はんだん》するの？

第7巻　死ってなんだろう。
死はすべての終わりなの？

第8巻　人がいじわるをする理由はなに？

第9巻　働くってどんなこと？
人はなぜ仕事をするの？

第10巻　時間ってなに？
流れるのは時？それともわたしたち？